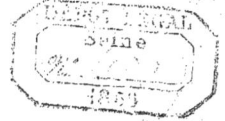

FACULTÉ DE DROIT DE PARIS.

THÈSE

POUR LA LICENCE.

L'acte public sur les matières ci-après sera soutenu,
le mercredi 28 mai 1856, à midi,

Par Auguste CORDIER.

Président : M. ORTOLAN, Professeur.

Suffragants :
{ MM. ROYER-COLLARD,
PERREYVE,
DURANTON, } Professeurs.
RATAUD, Suppléant.

Le Candidat répondra en outre aux questions qui lui seront faites sur les autres matières de l'enseignement.

PARIS,
CHARLES DE MOURGUES FRÈRES, SUCCESSEURS DE VINCHON,
Imprimeurs de la Faculté de Droit,
RUE J.-J. ROUSSEAU, 8.

1856.

JUS ROMANUM.

DE DIVISIONE RERUM ET QUALITATE.
(L. 1, t. 8.)

In natura duo sunt : res aut personæ. Omnia quæ non sunt personæ res appellantur. Quidquid in natura videmus res nomen habet; in rebus quatuor sunt divisiones.

Prima summaque rerum divisio in duos articulos deducitur; res sunt aut humani aut divini juris.

I. *Divini juris*.

Res sacræ, religiosæ, sanctæ; hisque rebus id commune est, quod nullius in bonis sint, quod nullam æstimationem recipiant, nisi sacræ tantum ut redimantur captivi et conjuretur pecunia; nunc separatim exponere licet.

Sacræ sunt, quæ superis, publice, jussu populi, aut principis, ritu solemni per pontifices consecratæ sunt, ut ædes sacræ et omnia deorum sacris dedicata : sed si quis privatim sibi sacrum constituerit, sacrum non est sed profanum: sed statim ut ædes sacra facta quamvis postea dirutum ædificium fuerit, sacer locus manet.

Religiosæ sunt, quæ diis manibus relictæ sunt, quas unusquisque voluntate sua facit, ut locus in quo mortuus infertur, nec ei opus est ritu solemni seu jussu publico; sed solum locum sepulcri religiosum esse, non autem totum campum placuit. Imo tumulus inanis non est religiosus.

Sanctæ sunt, omnia quæ ab injuria hominum, legibus aut sanctione quadam defensa ac munita sunt, tanquam muri aut portæ, leges aut legati. Hæc omnia, ut supra diximus, nullius in bonis sunt, nec esse possunt.

II. *Humani juris.*

Res humani juris, aut extra patrimonium, aut in patrimonio nostro sunt.

Divisio quadripartita est. Quædam enim communia sunt, quædam publica, quædam universitatis, quædam nullius, et earum quæ extra patrimonium sunt.

Communia sunt: omnia quæ ita sunt ut alicujus propria esse non possint, sed ut eorum usus communis omnium maneat. Duæ sunt rerum communium species: primum hæ quarum nemini dominium accidit proprie, veluti aer, mare, littus maris et aqua profluens; secundum, illæ quarum dominium populi esse videtur a quo primum occupatæ sunt, veluti flumina, portus, illasque magis publicas esse dicuntur, quia ad usum cujusdam populi quodammodo destinatæ sunt.

Ripæ fluminum sunt publicæ, sed earum tantum usus publicus, nam proprietas eorum est quorum prædiis hærent.

Universitatis: sunt non singulorum veluti quæ in civitatibus sunt, theatra, stadia, et si qua alia sunt communia civitatum.

Nullius : quæ alicujus fieri non possunt, ut sacræ, religiosæ, sanctæ; aliæ dicuntur nullius non quod nullius esse possint, sed quod a nemine nondum occupatæ sint, ut aves aut feræ.

Cætera omnia quæ in nostro patrimonio esse possunt, in quibus jus dominii, vel possessionis, vel servitutis habemus, et quarum proprietatem nanciscimur jure naturali aut civili.

Tertia divisio : quædam sunt corporales aut incorporales; corporales quæ tangi possunt, ut fundus, homo; incorporales quæ tangi non possunt, ut ususfructus vel jura hereditatis quamvis res corporales contineant.

Quarta divisio : res sunt aut mancipi aut nec mancipi. Res mancipi quia in mancipio sunt, id est in dominio juris Quiritium, et per ritum mancipationis vel per æs et libram in alios tantum transferuntur. Res nec mancipi sunt quibus nec inimici nec peregrinæ, jure Quiritium fruuntur; per mancipationem ad alios transferri non possunt , vero tamen per traditionem. Hæc a Justiniano abrogata est divisio.

DE INSTRUCTO VEL INSTRUMENTO LEGATO.
(D., l. 33, t. 7.)

Si quis aliquam rem, puta fundum aut domum legavit vel cum instrumento, vel instructum, unum tantum videtur esse legatum principale fundi, alterum legatum accessorium instrumento fundi. Sic duo legata intelliguntur.

Primo generaliter videbimus quod ad legatum fundi vel domus, postea quod ad legatum fundi cum instrumento relicti, quod ad legatum domus instructæ pertineat, et quidquid continetur in legato instrumenti diversarum rerum et diversorum artificiorum.

Denique loquemur de legato eorum quæ in fundo, aut quæ in domo sunt.

I. *De legato fundi et domus.*

In hoc legato, quidquid sub fundi nomine testator habebat, quamvis diversis diversas partes hujus fundi conductoribus locasset, continetur. Complectitur legatum domus, quidquid sub hujus domus appellatione tenuit defunctus, quod quidem æstimatur ab usu patrisfamilias, sed in legato fundi res mobiles non sunt, exceptis tamen aliquibus quorum numerus exiguus.

II. *De legato instrumenti fundi.*

Instrumentum dicitur, apparatus rerum diutius mansurarum, sine quibus possessio exerceri nequit, aut etiam quæ fundo, usibus mancipiorum animaliumque deserviunt, id est cum de instrumento fundi agitur quæ fructuum quærendorum, cogendorum conservandorumque gratia parata, sunt; sic in legato instrumenti fundi homines qui agrum colunt et qui eos exercent, quorum in numero sunt villici aut monitores, præterea boves domitos, mel, pecora stercorandi causa parata, vasa et alia utilia culturæ artificia, jumenta et vehicula, naves et copias postea numerabimus, enimvero abunde liquet fundi instrumentum esse quidquid usibus fundi destinatur: imo etiam uxores et infantes servorum. Attamen melius est non propriam verborum significationem scrutari, sed quærere primum secundum res et tempora quod testator voluit. Nunc transeamus ad legatum instructi fundi.

DE LEGATO INSTRUCTI FUNDI.

Plus est in hoc legato quam in priore, nam quidquid in fundo collocatum est, ut instructior sit aut ad maximam patrisfamilias elegantiam aut voluptatem, instructo continetur, ut suppellex, aurum, argentum, bibliotheca, vestimenta, marmoreæ tabulæ et aliæ; etiam suppellecticarii et contubernales servorum : uno verbo, continebuntur in hoc legato omnia quæ semper mansura hic posuit paterfamilias.

III. *De legato instrumenti domus.*

Instrumentum domus ea sunt, ut Pegasus ait, quæ tempestatis arcendæ, aut incendii causa parantur, id est quod solum ad tutelam domus pertinet; non continetur supellex. Statuæ et alia adfixa instrumento domus non continentur, sed portio domus. Quæ non sunt adfixæ non instrumento continentur; multum enim interest inter instrumentum et ornamentum. Instrumentum, ea omnia quæ ad tutelam, ornamentum quæ ad voluptatem sicut tabulæ pictæ esse diximus.

Domo, ita ut instructa est, legata, ostiarii quasi domui tantum deservientes, sed non etiam vina nec quod adhuc testatori debetur continebuntur in legato.

IV. *De instrumento villæ.*

An villæ instrumento supellex contineatur distinguendum : nam si urbana villa fuerit magis est ut supellex etiam legato cedat, si rustica ea non contineri placuit. In legato instrumenti fundi, instrumentum legatario non cedit, sed cum legatus est ut optimus et maximus, hæc omnia legatario præstanda sunt, fundusque liber omni servitute debetur, nam testator suam voluntatem declarasse putatur, etiam quum dixit do, lego meam domum sicuti est. Adeoque latius patet legatum fundi cum omnibus quæ ibi sunt venalia quoque et omnia causa custodiæ reposita legata sunt, nisi circumstantiis contraria defuncti voluntas appareat. Ademptio rei non trahit ad se ademptionem instrumenti; voluntatis testatoris inquisitio difficultatem expediet.

Si hæc legato non continentur quæ defunctus in fundo ad tempus duntaxat habuit, multo minus continebitur quæ contra voluntatem eo perlata sunt.

DE ADMINISTRATIONE RERUM AD CIVITATES PERTINENTIUM.

(D., lib. I, tit. VIII.)

Civitatum jura non lædantur sicut pupillis curatores nominantur, hoc privilegio pupillorum utuntur, quod si ab aliquo læsæ sunt auxilium restitutionis flagitare possunt. Communi jure utuntur, sed privilegiis quibusdam fruuntur ut restitutione in integrum et aliis ex beneficio principis, quædam civitates illud habent ex suis propriis legibus.

DE CAUTIONE PRÆVIA.

Curatores habent omnes civitates qui sua negotia gerant. Administrationi civitatis prævium est, ut is cui delegata est caveat rem civitatis salvam fore, simulque pater illorum si alieni juris sunt, in solidum tenentur. Patre vero curatore, non tenebitur filius quamvis priusquam pater curator constitueretur filium emancipavisset et bonorum partem donationis causa contulisset. Remittitur tamen cautio iis quos præses eligit.

DE OFFICIO ADMINISTRATORUM.

Agros reipublicæ retrahere debent, quamvis ab emptoribus bonæ fidei possideantur.

A debitoribus pecuniam exigere.

Nullam solutionis moram accipere.

Ne pecunia publica sine idoneis pignoribus vel hypothecis credatur, prospicere.

Pecuniam civitatis collocare.

Contractus qui ad rem reipublicæ spectant inire.

Denique dirutas domos a dominis rursus extrui, spectare debent.

In certos usus destinatam, in alios usus convertere pecuniam non debent.

DE OBLIGATIONE ADMINISTRATORIS.

Administrationis suæ rationem reddere debet et non solum ob dolum et latam negligentiam tenetur, sed etiam amplius diligentiam præstare debet.

Aliter vero ex dolo, aliter ex culpa tenetur, si negligenter in simplum, si per fraudem in duplum.

Pecuniæ quæ apud curatores ex administratione remansit, usuræ debentur.

De usuris tenentur quas culpa sua non exigerunt.

DE IIS QUI ACCEDUNT ILLORUM OBLIGATIONI.

Curator civitatis non ipse tantum, sed et paterfamilias, si volente filius gesserit, tenetur. Sed non filius pro patre.

Curatoris quemadmodum tutorum obligationi fidejussores

accedunt : illi etiam qui accedunt obligationi administratoris civitati, ejus fidejussores et collegæ sunt. *Antiqua quidem consuetudo* civitatibus erat ut curatores suos sibi successores nominarent, quos idoneos sponderent; et ex quibus duo eligebantur quibus administratio reipublicæ mandaretur. Sed pœnalibus actionibus non astringuntur in quas incidit ille pro quo intervenerunt; satis enim est ut reipublicæ præstent, quod ei promiserunt: dubium enim non est fidejussores eodem nomine quo curatores teneri, sed fortuitos casus quos nulla humana ratio prospicere potest, præstare non obligantur, nec illorum creator tenetur si facultatibus lapsi fuerint, dummodo idonei fuissent eo tempore quo eligebantur.

Individuum est officium magistratuum et imo commune periculum quum plures magistratus municipales, unum magistratum administrent. Observandum autem hanc obligationem qua unus pro collega tenetur, ad ea non extendi quæ post ejus mortem gesserit.

Unum superest de alienatione rerum ad civitates pertinentium. Non est curatoris alienatio rerum civitatis, nisi ad civitatem titulo legati pervenerint et coram curialibus. Res autem Romæ sine principis auctoritate non distrahi debent.

POSITIONES.

I. Littora maris non publica sed communia sunt.

II. Alveus fluminis publici secundum quosdam jurisconsultos publicus, secundum alios privatus est; nec conciliari possunt L. 7, § 5; 65, § 4, *de adq. rer. dom.*; et L. 30, § 1 et § 3, *eod. tit.*

III. Legatum fundi instructi uberius est quam legatum fundi cum instrumento.

IV. L. 19, *de instr. vel instrum. leg.*, et 68, § 3, *de leg.* 3°, conciliari possunt.

V. Legato domus instructæ supellectilis continetur; nec obstat L. 16, *de instruct. vel instrum. leg.*

DROIT FRANÇAIS.

DE L'ADMINISTRATION DÉPARTEMENTALE ET COMMUNALE.
(Loi du 18 juillet 1837.)

La commune est le premier élément de toute société civile : elle est au citoyen ce que la famille est à l'individu. C'est le centre de ses intérêts de chaque jour, le lieu où s'exercent toutes ses fonctions ; aussi de tout temps l'indépendance de la commune a-t-elle été le premier pas des peuples dans la voie de la liberté, et les gouvernements, en se constituant, ont-ils tout d'abord réglé les communautés municipales.
Mais les lois qui régissent les rapports de l'État avec les communes se trouvent placées entre deux écueils : en laissant une trop grande indépendance aux communes, on crée les municipes de la décadence romaine, sans autre lien avec l'État que le service militaire et le payement des impôts ; on fortifie l'esprit de localité étroit, mesquin, qui désunit le grand corps de la nation ; on fait revivre les abus d'un ancien état de choses ; la commune, sans force, sans revenus, sans direction, devient

l'instrument d'ambitions individuelles ou se désorganise rapidement ; au contraire, en centralisant toutes les forces locales, en détruisant l'esprit municipal, on brise un des ressorts les plus puissants de notre nationalité française ; le département, l'arrondissement, ne remplaceront jamais la commune, car dans l'esprit public il n'y a que deux centres pour les citoyens, deux centres politiques, l'État, la commune. L'État est le cercle, et la commune est le milieu de ce cercle que chaque citoyen place à son propre foyer.

C'est entre ces deux dangers : l'indifférence politique créée par la centralisation, et l'égoïsme des individualités qu'engendre toujours la décentralisation, que l'assemblée constituante s'était placée. Elle a créé, en organisant les municipalités, une personne civile ayant ses propriétés, ses ressources et son administration propre. Les administrateurs municipaux étaient libres et ne dépendaient que de l'assemblée : le roi ne pouvait qu'annuler leurs actes, seule l'assemblée pouvait les destituer. Mais l'esprit révolutionnaire n'était pas l'esprit de liberté, et il avait besoin d'une direction unique et absolue : il fit rapidement de la centralisation. La constitution de l'an III brisa les franchises municipales, que Louis-le-Gros et Suger avaient laissé s'établir, pour lutter contre un autre absolutisme, celui du régime féodal : elle inventa le *canton*, les municipalités cantonales. Elle détruisit les liens qui unissaient les habitants d'une même circonscription municipale, sans respecter des droits acquis et des habitudes consacrées par le temps. Elle donna de plus aux directoires départementaux ce pouvoir qui avait été refusé à Louis XVI : le pouvoir de destituer les officiers municipaux.

La constitution de l'an VIII rétablit en partie les communes, mais elle leur retira le droit qu'elles avaient au XIIIe siècle, celui de nommer elles-mêmes leurs magistrats. La loi du 28 pluviôse organisa les maires, les conseils municipaux, créa les arrondissements, les sous-préfets, les conseils d'arrondissement, et à côté du préfet et des conseils généraux, institua un tribunal administratif nouveau : le conseil de préfecture.

C'est sur ces bases que la loi du 18 juillet 1837 est venue asseoir une nouvelle organisation municipale.

Le révolution de 1848 et la constitution du 19 novembre de la même année ont maintenu toute cette organisation, en substituant au suffrage restreint le suffrage universel ; enfin le décret du 25 mars 1852, en réglementant les pouvoirs des préfets, leur a confié sur certains points d'administration municipale un pouvoir qui jusque-là n'avait appartenu qu'au gouvernement même.

Telle est en résumé l'histoire législative des communes. La loi de 1837 est leur véritable Code.

Avant d'arriver aux communes, occupons-nous d'abord du département formé par la réunion de plusieurs arrondissements, lesquels eux-mêmes sont formés de la réunion de plusieurs communes.

DU DÉPARTEMENT.

Il fut, comme nous l'avons dit plus haut, créé par la loi du 5 janvier 1790, et régi tour à tour par des directoires et des administrations centrales, et enfin, par la loi du 28 pluviôse an VIII, soumis à l'autorité du préfet, le bras droit du chef de l'État. Les départements, autrefois, n'avaient rien à eux en propre ; ce n'était qu'une division territoriale, mais sans vie qui lui appartînt ; ce n'était qu'un satellite qui suivait le cours de la planète, sans avoir de mouvement ou de gravitation indépendants. La province ne servait qu'à alimenter la capitale ; son administration n'était pas la sienne ; ses ressources n'étaient pas les siennes, ses dépenses n'étaient pas les siennes, son budget se confondait dans le budget général de l'État. Quelques efforts avaient été faits pour lui donner une action à elle propre, mais efforts partiels. L'empereur, par le décret du 9 avril 1811, consacra leur droit à une propriété particulière en leur donnant les bâtiments nécessaires aux services publics. A partir de cette époque le rôle du préfet, de simple qu'il était, devint double ; deux personnes se réunirent en lui : vis-à-vis du pouvoir central, il resta ce qu'il était, son agent de transmission et d'exécution ; vis-à-vis du département il devint le représentant de ses intérêts, représentant actif, l'agent d'exécution des communes, qui envoyèrent près de lui l'assemblée des hommes choisis par elles, et qui, sous le nom de conseil général, durent guider le préfet dans ce rôle d'agent du département. Aussi le préfet figure-t-il en justice au nom du département, et c'est encore en son nom qu'il a l'initiative de toutes les mesures qui le concernent.

Quel est le rôle du conseil général? Ses attributions sont déterminées par la loi du 10 mai 1838. Voyons son organisation telle qu'elle est depuis le 7 juillet 1852.

Ses membres sont élus par le suffrage universel ; chaque canton y envoie son représentant. Le conseil général ne se réunit qu'une fois par an ; il est convoqué par décret impérial, qui nomme en même temps le président du conseil général. Le préfet ouvre les séances, siége et est entendu quand il le demande, excepté lorsqu'il s'agit de l'apurement de ses comptes.

Le conseil général délibère sur les questions qui lui sont proposées, tantôt comme délégué du pouvoir législatif, tantôt comme représentant du département, tantôt comme simple conseil d'administration.

C'est lui qui, délégué du pouvoir législatif, effectue la répartition de l'impôt sur le montant de la contribution que l'assemblée législative a fixé pour le département ; le conseil général fixe le contingent de chaque arrondissement, et ceux-ci le contingent de chaque commune, et c'est au conseil général que sont portées les réclamations élevées par les communes ou les arrondissements ; ce sont les premières affaires dont il s'occupe au début de ses séances, et sa décision est souveraine, sans appel au conseil d'État, à moins qu'il ne s'élève une question d'abus de pouvoir, auquel cas le conseil d'État pourrait annuler les dispositions qui seraient entachées de cette nullité radicale. Cette distribution de l'impôt que doit faire le conseil général est une obligation pour lui ; il doit la faire ; si donc il la refuse, le préfet en conseil de préfecture opérera la répartition entre les arrondissements sur les bases de la précédente répartition.

Comme représentant du département, le conseil général est tantôt souverain, tantôt son action n'est que subordonnée ; il vote ou il délibère, il ordonne ou il n'émet qu'un avis. Dans toutes les questions d'impôts, de centimes additionnels, il vote, mais il ne fait que délibérer sur les questions qui intéressent directement ou indirectement le département comme personne civile, en cas de contributions extraordinaires, d'emprunt, d'acquisition, vente ou échange de propriété départementale ; etc., etc. Les délibérations sont soumises tantôt à l'approbation du Corps législatif, tantôt à l'approbation du préfet ou du ministre. Ainsi pour un emprunt, il faut une loi ; pour une vente, l'autorisation du ministre quand cette vente dépassait 20,000 fr. ; l'autorisation du ministre était encore nécessaire pour toute construction dont le prix dépassait 50,000 fr. Le décret du 25 mars 1852 est venu porter un remède à ces lenteurs qui dégénéraient en abus, en augmentant les attributions des préfets, et en exigeant leur sanction pour tous les actes délibérés par le conseil général, pour les aliénations, les ventes, achats, pour l'acceptation des dons et legs, pour le contrôle des devis de fournitures. Le pouvoir central ne s'est réservé de sanction que sur les changements des édifices départementaux destinés à un service public, et sur les changements apportés à la circonscription territoriale du département, des cantons et des communes.

Comme conseil du département, le conseil général donne son avis sur des questions qui sans cela seraient entachées d'une nullité radicale. Ce sont les actes énumérés dans l'art. 6 de la loi. Mais il y a d'autres actes sur lesquels l'administration peut lui demander son avis sans être liée cependant par l'avis du conseil général.

La loi permet enfin au conseil général de présenter des vœux sur les besoins du service. Ces vœux sont publiés chaque année au *Moniteur universel*.

Ainsi, nous venons de le voir, la principale attribution du conseil général est la répartition du budget entre les arrondissements ; voyons sur quoi portera cette répartition, et comment elle a lieu.

Le département étant une personne légale doit avoir une fortune à lui propre, comme il a ses dépenses propres, et cette séparation du département et de l'État se suit jusque dans le budget qui est tripartite pour l'État, et qui pour le département est divisé en quatre sections : 1° dépenses ordinaires ; 2° dépenses facultatives d'utilité départementale ; 3° dépenses extraordinaires autorisées par les lois spéciales ; 4° dépenses mises à la charge du département par des lois spéciales.

Mais ces sections, prises séparément, renferment chacune les trois chapitres du budget de l'État. Les recettes des départements correspondent aux dépenses : les dépenses sont faites tantôt dans l'intérêt général de l'État, tantôt dans l'intérêt spécial du département.

Pour couvrir ces dépenses, on a inventé les centimes additionnels, qui, ajoutés au principal des contributions, font face à ces deux sortes de dépenses.

Le quatre premiers numéros de l'art. 10 énumèrent quatre espèces de centimes additionnels, qui sont :

1° Les centimes additionnels législatifs. Ils sont votés par le corps législatif et affectés à l'acquittement des dépenses ordinaires du département, dépenses obligatoires auxquelles il ne saurait se soustraire. Les centimes additionnels ne diffèrent en rien des autres impôts votés par les chambres ; ils ne sont pas la propriété du département, car le département ne peut les affecter à un autre usage que l'usage pour lequel ils ont été votés ; ils sont seulement destinés aux dépenses générales. Mais ordinairement les centimes législatifs ne suffisent pas pour faire face à toutes les dépenses, et, de plus, dans certains départements ils excèdent les dépenses auxquelles ils doivent pourvoir, tandis que dans d'autres ils suffisent à peine aux besoins du département. Aussi la loi du 28 avril 1816, pour remédier à cet inconvénient, a-t-elle eu l'heureuse initiative d'établir, sous le nom de fonds commun, une caisse mutuelle où le département pauvre trouvera des ressources que le département plus riche lui fournira. C'est pour ainsi dire une association de secours mutuels. Mais quel est ce fonds commun ? C'est le produit d'autres centimes additionnels perçus par l'État, indépendamment des centimes additionnels employés pour le compte du département. Ces centimes sont réunis en masse nommée fonds commun, et la répartition en est faite par le gouvernement entre les départements dont les dépenses ordinaires excèdent le produit de leurs centimes additionnels.

Les centimes additionnels législatifs forment la première section du budget départemental ; c'est la plus importante de toutes ; mais il faut se garder de confondre les centimes additionnels législatifs avec les autres centimes additionnels, car ce sont deux choses bien distinctes, une partie affectée aux dépenses obligatoires, votée par le corps législatif, et à laquelle le conseil général ne concourt pas; l'autre affectée aux dépenses facultatives du département, votée par le conseil général, et sur laquelle la loi de finance ne se réserve qu'un droit de limitation que le conseil général ne peut dépasser.

Dans cette première section du budget pour subvenir aux dépenses du département, se trouvent encore quelques revenus de propriétés départementales, le produit des expéditions des actes des archives de préfecture, enfin certains péages autorisés par la loi.

Dans cette première section aucune dépense facultative n'est admise, et l'emploi de ces centimes additionnels est soumis au contrôle de l'administration.

Les autres sections du budget comprennent les centimes additionnels qui doivent subvenir aux dépenses facultatives et qui appartiennent tout entiers aux départements; ce sont:

2° Les centimes additionnels facultatifs;

3° Des centimes spéciaux;

4° Des centimes extraordinaires.

Les conseils généraux en sont les maîtres absolus; c'est sur leur produit qu'ils équilibrent la dépense facultative. Les centimes additionnels facultatifs forment la seconde partie du budget; leur maximum est fixé chaque année par le législateur, mais ils se dépensent dans le département; l'État n'a pas de droit sur les revenus particuliers du département, la loi de finance ne s'en occupe que pour déterminer la limite que le conseil général ne peut dépasser en les votant. Ils sont affectés à toute espèce de dépenses. On y peut reporter le reliquat des dépenses obligatoires que les centimes législatifs n'ont pas suffi à couvrir; mais si la balance faite il restait des centimes en plus, ils seraient reportés sur l'exercice suivant. (3° Centimes spéciaux, troisième section du budget.) Ces centimes font face aux dépenses spéciales et ne peuvent être détournés pour d'autres. Ils se rapportent à trois natures de dépenses : 1° au cadastre; 2° à l'instruction primaire; 3° aux chemins vicinaux de grande communication ; 4° centimes extraordinaires. Ils composent la quatrième section du budget, dans laquelle sont comprises les dépenses extraordinaires autorisées par des lois spéciales, à la différence des lois qui autorisent les centimes spéciaux, qui sont générales, s'adressant à tous les départements.

Les autres recettes du département sont énumérées dans les § 5, 6, 7 de l'art. 10 de la loi.

Le budget du département est présenté par le préfet, délibéré par le conseil général et approuvé par décret impérial; quand l'exercice est achevé, le préfet rend compte des opérations qu'il a faites en vertu du budget, et le conseil les vérifie; ainsi, le préfet n'a que des fonctions d'ordonnateur et il n'a à rendre compte que du mandat qui lui a été confié. Il justifie aussi des non-valeurs résultant des demandes en remise ou en modération des impôts directs, demandes réglées par la voie gracieuse.

Nous laisserons de côté l'arrondissement, à raison de son peu d'importance, pour nous occuper spécialement de la commune, la famille de l'État.

COMMUNES.

Administration communale.

(Loi du 18 juillet 1837.)

Une première question s'est présentée au législateur. Comment se fonde une nouvelle commune? Comment peut se diviser une ancienne commune? Question grave, puisque les communes sont de véritables personnes civiles ayant leurs propriétés, leurs fortunes, leurs revenus, leur budget, leurs dettes ; que chaque citoyen a un droit acquis, imprescriptible, inaliénable, aux avantages que la commune peut procurer à ses habitants, puisque c'est d'après le nombre des habitants qu'a lieu la répartition de l'impôt foncier et que s'apprécie le droit des patentes ; qu'enfin, l'impôt personnel varie suivant le nombre des habitants.

C'est au préfet qu'il appartient de proposer, soit la réunion de plusieurs communes en une seule, soit le fractionnement d'une seule commune en plusieurs. Une enquête est ouverte. Les conseils municipaux, augmentés par l'adjonction des principaux imposés, qui sont les plus intéressés dans le changement, donnent leur avis motivé, ainsi que le conseil d'arrondissement et le conseil général. S'il s'agit d'une modification de commune qui puisse changer la composition d'un département, il faut une loi. Il en faut une aussi dans le cas où l'avis du conseil municipal a été contraire ; dans tous les autres cas, un décret du chef de l'État suffit.

Quant aux biens communaux, si la section de commune érigée en commune en possède de propres, elle en conserve la jouissance exclusive ainsi que celle des monuments, chemins et église qui se trouvent dans sa nouvelle circonscription. Les communaux dont les fruits se perçoivent en nature restent, quant à la jouissance, la propriété exclusive de la section de commune qui les possédait ; ceux qui se perçoivent en argent restent dans le budget commun de la commune nouvelle. Tous les autres points, toutes les autres difficultés sont réglés par l'acte même qui prononce, soit la réunion, soit la distraction.

La commune est constituée, ses limites sont tracées ; comment est-elle administrée ? La loi du 21 mars 1831 avait laissé au chef de l'État le droit de choisir le maire dans le sein du conseil municipal. En 1848, le suffrage universel nommait directement et les maires et les conseillers municipaux, mais un décret du 7 juillet 1852 a donné à l'empereur le privilége de désigner les maires des communes de plus de 3,000 âmes, et aux préfets le même privilége dans toutes les autres communes.

Le maire a tout à la fois un pouvoir judiciaire et un pouvoir administratif. Représentant de l'administration supérieure, il est directement sous les ordres du sous-préfet et du préfet; représentant de la commune chargé de veiller à ses intérêts municipaux, il relève du conseil municipal qui seul a l'initiative, il est son agent d'exécution sous la surveillance de l'administration supérieure.

En certains cas, enfin, le maire a un pouvoir propre, une initiative personnelle.

Comme pouvoir judiciaire, le maire tient les actes de l'état civil, il siége comme tribunal de simple police, il veille à la police du roulage.

L'art. 16 de la loi indique un cas où le maire, assisté de deux conseillers municipaux, statue sur les difficultés survenant dans les adjudications publiques pour le compte de la commune; le décret du 2 février 1852 lui donne aussi le droit de trancher les contestations en matière des listes électorales; il tranche aussi des difficultés du contentieux administratif. Il est donc ensemble juge en matière de contravention de simple police et juge en matière administrative.

Comme pouvoir administratif, il publie les lois, il veille à l'exécution des ordres de l'administration.

Comme pouvoir municipal, il fait respecter les propriétés et les droits de la commune, il administre ses biens, il gère ses revenus, il surveille les établissements communaux, hospices, écoles, etc., etc.; il dirige les travaux qui s'exécutent à la charge du budget communal, il engage par sa signature la commune en souscrivant pour son compte et dans la forme établie par les lois spéciales, les baux, les marchés, les adjudications, les actes d'échange, les acceptations de legs, etc., etc.; enfin, quand la commune a un procès, il est autorisé à le soutenir, il la représente, et les assignations sont données en son nom.

Les actes de l'autorité du maire se nomment des arrêtés. Il peut les adresser soit par notification directe à la personne intéressée, soit par la voie de l'affichage en les portant à la connaissance de tous. La loi établit deux catégories d'arrêtés : ceux qui statuent sur des cas spéciaux ou individuels, qui ont besoin d'une grande célérité, et qui sont dictés par l'urgence, tels que les arrêtés motivés par un sinistre, ou, *tout au contraire*, par une fête, pour des mesures d'ordre public. Ceux qui sont permanents et qui forment un règlement général : heures de fermeture de lieux publics, police de la voirie. Les premiers sont exécutoires sur-le-champ, mais le maire doit en adresser un double original au sous-préfet et par l'intermédiaire de celui-ci au préfet. Les seconds ne sont exécutoires qu'un mois après leur récépissé à la sous-préfecture. Ce délai d'un mois n'est qu'une limite extrême, et en cas de nécessité les préfets donnent leur approbation immédiatement.

Le préfet a le droit d'annuler les arrêtés du maire; mais si ces actes, régulièrement promulgués, ont déjà reçu une exécution, leur annulation n'entraînera pas celle de tout ce qui aura été fait en conséquence. Le préfet a aussi le droit de procéder d'office à l'exécution des actes qui sont prescrits par la loi au maire, lorsque celui-ci, dûment requis, refuse d'accomplir son devoir.

Il appartenait autrefois au maire de nommer, avec l'approbation du conseil municipal, les gardes champêtres, qui recevaient leur commission du sous-préfet. C'est maintenant le préfet qui nomme les gardes champêtres; le maire peut les suspendre, le préfet seul peut les révoquer.

Ainsi nous le voyons, toute l'administration de la commune repose exclusivement entre les mains du maire. Cependant le maire, investi de fonctions si nombreuses et si variées, peut déléguer l'exercice de quelques-unes d'entre elles à un ou plusieurs de ses adjoints; mais ce n'est là qu'un mandat, et l'adjoint délégué ne peut représenter le maire que dans le cercle même qui lui a été tracé. Il n'en est pas de même si le maire est forcé de s'absenter, car alors l'adjoint qui le supplée a le même pouvoir et la même étendue d'attributions : il est maire par intérim.

Tel est l'ensemble des attributions du maire; attributions de natures si diverses qu'elles font de ces fonctions gratuites la plus lourde et la plus difficile de toutes les magistratures, malgré la sphère restreinte dans laquelle elle s'exerce.

Le maire seul a le droit d'administrer la commune; seul il la représente, seul il agit pour elle; mais à côté de lui se trouve ce même auxiliaire que nous retrouvons dans toute la hiérarchie administrative, ce conseil qui est à la commune ce que le conseil d'État est à l'État, le conseil des ministres aux ministres, le conseil de préfecture aux préfets. La commune, elle aussi, a son conseil, le conseil municipal; c'est lui qui prend les décisions, mais il n'est que pouvoir délibérant par cela même qu'il est pouvoir collectif; l'action a besoin d'unité : il a son pouvoir propre, le maire a le sien, et ces deux pouvoirs marchent d'accord sans autre rivalité que celle de l'intérêt commun; nous trouvons très anciennement les traces de cette institution qui sous le nom de conseil de notables était alors la même auprès du maire.

Les conseillers municipaux sont trente au plus, douze au moins. Ils sont élus par le suffrage universel. Ils ont quatre sessions par an, mais en dehors de ces sessions ils peuvent être convoqués avec l'autorisation du préfet chaque fois que l'intérêt des habitants de la commune le demande, et ils ne doivent s'occuper que de l'objet spécial pour lequel ils ont été convoqués. En cas de réunions hors session, et sans autorisation du préfet, les délibérations du conseil municipal n'ont aucun caractère de validité, et leur réunion est réputée illégale. C'est le maire qui préside le conseil municipal; les décisions sont prises à la majorité des membres; le maire a voix prépondérante; les délibérations sont inscrites sur un registre coté et paraphé par le sous-préfet.

La publicité des séances est formellement interdite.

Telle est l'organisation du conseil municipal; ainsi constitué, il délibère sur les intérêts de la commune, mais son pouvoir est plus ou moins étendu, ses attributions sont plus ou moins larges, suivant la nature des faits qui l'occuperont.

Ainsi il décidera sans aucune approbation de l'autorité supérieure, sur les règlements relatifs à l'administration des biens communaux; c'est lui qui délibérera sur le louage des biens de la commune; et en effet, il n'y avait là aucun danger à craindre, car le conseil ne peut compromettre aucun intérêt de la commune dans des questions d'une importance secondaire. Mais pour les délibérations du budget, l'acceptation de dons ou legs, ventes, achats ou échanges de propriétés, la perception des revenus, il lui faudra l'autorisation spéciale du préfet, et dans certains cas du ministre ou de l'empereur; car ces questions, qui peuvent compromettre la fortune de la commune, réclamaient l'intervention de gens plus éclairés et plus éloignés des passions locales; pour être valables elles ont besoin d'être revêtues de l'approbation de l'autorité supérieure.

Le conseil municipal donne des avis ou formule des vœux, les premiers dans les budgets des établissements publics et des fabriques dans les circonscriptions relatives au culte, les seconds pour tous objets d'intérêt local.

C'est encore le conseil municipal qui vote les acquisitions d'immeubles, les aliénations, les baux, les acceptations de dons et legs faits à la commune.

Pour l'acquisition d'un immeuble, après le vote du conseil municipal, il y aura un procès-verbal d'expertise, une enquête *de commodo et incommodo*, l'avis du sous-préfet, enfin l'homologation du préfet, formalités par lesquelles l'autorité administrative empêche que les intérêts de la commune ne soient sacrifiés à la légère, formalités par lesquelles elle éclaire des décisions que la négligence, l'ignorance ou l'incurie pourraient rendre dangereuses pour la commune; l'œil de l'autorité doit être toujours là pour empêcher *la fraude*.

Les mêmes raisons ont dicté les mêmes décisions pour l'échange d'un immeuble. Mais pour les ventes, elle a exigé de plus la concurrence des acheteurs, une adjudication publique, et pour empêcher toute fraude, elle a défendu aux administrateurs de la commune de se porter adjudicataires de l'immeuble; elle a aussi exigé une adjudication pour les baux, sans autorisation du préfet pour les baux qui ne dépassent pas neuf ans. Mais au delà de ce terme pour les biens urbains, et pour les biens ruraux pour les baux de plus de dix-huit années, l'homologation du préfet devient indispensable.

Pour l'acceptation des dons et des legs, il faut, outre la délibération du conseil, l'homologation du préfet, et en cas de réclamation des familles celle du conseil d'État.

Quant aux actions judiciaires, le conseil municipal, tuteur de la commune, personne morale qui défend sa propriété, doit toujours donner son autorisation au maire d'intenter les actions. Cette autorisation de plaider conférée au maire passe à l'examen du conseil de préfecture qui autorise ou refuse l'autorisation accordée par le conseil municipal. Mais son refus doit être motivé; on peut appeler de ce refus dans les trois mois au conseil d'État. Si le conseil municipal a refusé au maire l'autorisation de plaider, toute personne, tout contribuable de la commune peut à ses risques et périls intenter le procès; s'il gagne, il est bien jugé par la commune; mais s'il perd, la commune ne s'est pas engagée pour le jugement, et le contribuable seul supportera les frais du procès.

Mais si la commune, au lieu d'être demanderesse, est défenderesse, d'autres formalités de procédure sont imposées. Le demandeur adresse au préfet une copie de sa demande; cette demande est transmise au conseil municipal, qui délibère. Mais comme la commune, par son refus, ne peut faire souffrir les droits des tiers et se refuser au payement de sa dette, le conseil de préfecture jugera si les poursuites contre la commune sont fondées; s'il laisse se passer deux mois sans donner à la commune l'autorisation de plaider en justice, le demandeur prendra contre la commune jugement par défaut. S'agit-il d'une section de commune qui agit contre la commune dont elle fait partie, il est formé une commission syndicale de trois ou de cinq membres choisis par le préfet, qui agira comme le conseil municipal, comme nous l'avons vu plus haut.

Nous venons de voir les attributions du conseil municipal; il agit toujours comme tuteur de cette personne légale mineure à perpétuité; voyons maintenant quel est le budget de la commune et en quoi consiste la comptabilité. Ici nous trouvons encore le conseil municipal délibérant sur les dépenses comprises dans la première classe du budget départemental, votant certaines dépenses qu'on a cru devoir laisser à son appréciation, sans contrôle de l'administration. Dans cette classe se rangent les dépenses facultatives, celles que la commune est libre de s'imposer, celles qui ne regardent en rien son entretien journalier ; mais quant aux dépenses obligatoires, telles que les dépenses de l'instruction primaire, les frais d'entretien ou de réparation des édifices communaux, l'acquittement des dettes de la commune, l'ouverture et l'expropriation des chemins vicinaux, l'administration centrale n'a pas voulu les laisser à la discrétion de l'administration communale.

Pour couvrir ces dépenses, la commune a deux sortes de recettes : le produit des centimes ordinaires, le produit qui lui revient de l'impôt des patentes, des octrois, ce sont les recettes ordinaires ; les emprunts, les ventes, les dons et legs, sont les recettes extraordinaires.

Le budget est dressé par le maire et voté par le conseil municipal, puis enfin arrêté par le préfet. Ici le rôle du préfet est immense. Il a toute latitude, il peut réduire les dépenses facultatives, il peut inscrire d'office l'allocation nécessaire à une dépense obligatoire omise ou qui lui paraît insuffisante. Mais si les ressources de la commune ne lui permettent pas d'équilibrer la recette et la dépense, on a recours alors aux recettes extraordinaires, à des centimes additionnels, moyen bien préférable à la vente d'un immeuble de la commune ou bien à un emprunt, car il pèse bien faiblement sur la commune puisqu'il se répartit entre tous ses membres. Depuis 1837, ces centimes additionnels ont été portés à 10. Mais le vote de centimes additionnels, quelque utile qu'il soit à la commune, pourrait lui devenir dangereux ; aussi l'autorité y a-t-elle imposé la sanction de son contrôle : c'est l'empereur qui autorise la contribution dans les communes dont le revenu est moindre de 100,000 fr. Il faudra une loi pour les communes dont le revenu est supérieur à cette somme.

Il peut se faire que les contribuables soient déjà trop surchargés ; on aura alors recours à la voie de l'emprunt. Mais dans ces graves questions le conseil municipal n'étant pas suffisant, on lui adjoint un nombre égal à celui de ses membres, d'habitants de la commune les plus imposés. Le vote de l'emprunt est soumis à l'autorisation de l'empereur pour les communes dont le revenu n'excède pas 100,000 fr.; il faut une loi pour les emprunts des communes dont le revenu est supérieur à cette somme.

Tel est le budget de la commune; et ici nous trouvons le même ordre d'idées qui gouvernent le budget de l'État et du département : il faut un ordonnateur qui veille à la rentrée des recettes, un comptable qui règle les dépenses conformément au crédit alloué.

Le maire sera l'ordonnateur; il délivre des états exécutoires par eux-mêmes quand ils sont revêtus de la signature du sous-préfet ; il ordonne les dépenses, délivre des mandats sur la caisse de la commune; le comptable est le percepteur qui reçoit et paye dans les communes dont le revenu n'excède pas 30,000 fr.; dans les autres un receveur nommé par le préfet.

Comme le préfet, le maire, une fois l'exercice clos, présente ses comptes qui sont apurés par le conseil municipal; mais il n'en est pas de même du comptable de la commune : il ira devant la Cour des comptes pour l'apuration des comptes de sa gestion.

Nous terminerons ici notre examen de cette loi à laquelle une loi postérieure, du 25 mars 1852, la loi de la décentralisation, a fait subir de nombreux changements. En 1850, une proposition tendant à modifier ses défauts assez nombreux, et à compléter des vides qui existent dans la loi de 1837, avait été accueillie par les chambres législatives; il y eut même une commission nommée ; de graves événements survinrent alors et la réforme fut abandonnée. C'est néanmoins la loi la plus complète, et c'est elle qui règle encore maintenant l'administration municipale.

DE LA DISTINCTION DES BIENS.
(Code Nap., l. II, tit. 1, 516-543; 2226-2227.)

L'art. 542 du Code Napoléon, sur la distinction des biens, se rattache tellement à la matière que nous venons d'étudier, qu'il en forme le complément indispensable. Mais avant d'arriver à cet article, où il est question des biens des communes, il nous faut passer en revue les articles dans lesquels le Code Napoléon a pris soin de faire la distinction des biens. Nous diviserons cette matière en deux points. Dans le premier nous examinerons les biens considérés en eux-mêmes; dans une seconde partie, celle qui nous occupera presque exclusivement, nous étudierons les biens considérés dans leurs rapports avec ceux qui les possèdent.

I. Considérés en eux-mêmes, les biens se divisent en biens corporels et biens incorporels : corporels, tous ceux *quæ tangi possunt*; incorporels, *quæ tangi non possunt*. Les biens corporels se divisent à leur tour en biens meubles et biens immeubles.

Meubles, ceux qui peuvent être changés de place; immeubles, ceux qui ne sont pas susceptibles de mouvement.

Les biens incorporels sont mobiliers ou immobiliers, selon qu'ils ont pour objet des meubles ou des immeubles.

Immeubles.

Les biens sont immeubles par leur nature, leur destination, par l'objet auquel ils s'appliquent, enfin, les droits mobiliers immobilisés par détermination de la loi.

Meubles.

Les meubles sont de deux sortes : meubles par leur nature,

les corps qui peuvent se transporter ou être transportés d'un lieu à un autre; meubles par détermination de la loi, les droits qui forment un démembrement de la propriété mobilière, et ceux qui tendent à obtenir une chose mobilière ou un démembrement de sa propriété

II. Considérés dans leurs rapports avec les personnes qui les possèdent, les biens se divisent en : 1° biens appartenant à des personnes privées; 2° biens appartenant à des personnes publiques, à l'État, aux départements, aux communes, aux établissements publics.

Les biens appartenant à l'État se divisent en biens publics de l'État, ou du domaine public, et biens privés de l'État. Les biens du domaine public comprennent les chemins, les routes, les rues à la charge de l'État, les fleuves, rivières, lais, relais de la mer, les ports, les portes, les murs, les fossés des villes, en un mot, toutes choses non susceptibles de propriété privée, et, par conséquent, imprescriptibles. Les biens privés de l'État sont ceux qui, bien qu'appartenant à l'État, sont susceptibles de propriété privée, par conséquent prescriptibles : telles sont les forêts et fermes de l'État.

C'est dans cette seconde division des choses considérées dans leurs rapports avec les personnes qui les possèdent que nous trouvons l'art. 542 : « Les biens communaux sont ceux à la propriété ou au produit desquels les habitants d'une ou plusieurs communes ont un droit acquis. »

Ainsi, les biens des communes se divisent, comme ceux de l'État, en deux classes. Les uns, dans le commerce, appartiennent à la commune de la même manière qu'ils appartiennent à de simples particuliers. Ainsi, les terrains incultes, les biens qui ont été légués aux communes, les forêts, les pâturages, se trouvent rangés dans cette première classe; ils sont, par conséquent, aliénables et prescriptibles (art. 2227).

Les autres sont hors du commerce, parce qu'ils sont destinés à un service public, comme les chemins, les églises, les théâtres, les hôpitaux, et sont, en conséquence, inaliénables et imprescriptibles (art. 2226).

Sera aussi imprescriptible tout chemin vicinal reconnu (21 mai 1836, art. 10). Mais cette imprescriptibilité peut cesser par un déclassement. Une commune peut prescrire contre les propriétaires de terrains qui bordent le chemin vicinal, les portions de terrains qui lui sont nécessaires pour la confection des chemins vicinaux, tels qu'extraction de pierres ou chantiers de construction.

Il y a, enfin, une troisième classe de biens appelés spécialement biens communaux, dont les produits sont répartis en nature entre tous les habitants, droit fortement contesté aux habitants des communes, mais qui paraîtra naturel si on se place au véritable point de vue de la propriété de ces biens. Les habitants de la commune n'ont pas un droit de propriété individuel sur ces biens; aucun d'eux n'en peut distraire une portion pour la part qu'il a dans la propriété totale; c'est la commune qui les possède, et la jouissance leur en appartient à tous en commun. Comment s'exercera cette jouissance, quelle sera la part de chacun, comment se fera la répartition du produit de ces biens communaux? Le conseil municipal a toute latitude à ce sujet, c'est lui qui décidera comment chacun exercera son droit. Cette répartition se fera par feux entre tous les habitants chefs de ménage et domiciliés dans la commune.

BOIS DES COMMUNES.

Ce n'est qu'en 1827 qu'une législation complète régla le système forestier, précédemment organisé par l'ordonnance de

1669 et la loi de 1791 ; lois incomplètes vu l'importance de la matière qu'elles prétendaient réglementer, car les bois et les forêts ne sont-ils pas la richesse d'une nation? Sans bois une nation aurait-elle une marine, un commerce, la moindre industrie? Les législateurs antérieurs à la loi qui nous régit actuellement l'avaient bien compris; de nombreux édits avaient paru avant la codification ordonnée par Louis XIV en 1669; la sagesse du monarque avait compris qu'une source si importante de prospérités pour la France devait être protégée par la loi d'une manière toute particulière : de là son ordonnance de 1669. L'assemblée constituante chargea l'administration des forêts de diriger l'exploitation des biens communaux. En 1827, les bois susceptibles d'une exploitation régulière furent seuls soumis au régime forestier; c'est d'après son avis que le ministre déclare ces biens de la commune soumis ou non aux règles qui régissent les forêts de l'État, mais avec cette différence qu'un quart est toujours mis en réserve pour subvenir aux besoins imprévus.

Les bois de la commune ne peuvent jamais être partagés entre les habitants, et cela pour sauvegarder les générations futures.

Si l'on veut les défricher, une autorisation du ministre des finances est indispensable.

La commune veut-elle vendre ses coupes, elle le fait dans la même forme que celle des coupes des forêts de l'État; il y aura adjudication publique, en présence du maire qui ne pourra se porter adjudicataire ; les art. 103 et 104 contiennent cette même assimilation des ventes de coupes pour les coupes destinées à être partagées en nature pour l'affouage des habitants.

Les bois sont soumis à certains droits en faveur des habitants de la commune : ce sont l'affouage et le marronnage.

L'affouage est la répartition par feux entre les habitants

d'une certaine partie des bois communaux destinés au chauffage.

Le marronnage est le droit qu'ont les habitants d'obtenir des bois pour la réparation ou la reconstruction de leurs maisons.

Quel est ce droit de l'affouage accordé aux habitants d'une commune? Est-ce un droit réel? est-ce un droit personnel? Non, les habitants n'ont pas un droit de propriété, ils n'ont qu'un droit précaire, un droit de jouissance. Ainsi donc, les contestations qui s'élèveront entre la commune et les habitants au sujet de ces droits, ne donneront pas lieu à la compétence judiciaire, l'autorité administrative sera seule compétente. Toutes les réclamations sur le rôle de répartition des sommes à payer par les habitants de la commune affectées à l'affouage seront portées au conseil de préfecture.

Mais le gouvernement doit être indemnisé des frais qu'entraîne la surveillance de l'administation forestière; la commune, par ses coupes ordinaires et extraordinaires, fait face aux frais que nécessite cette surveillance de l'administration. Il n'y a qu'une chose qui reste directement à la charge des communes, c'est le salaire des gardes de leurs bois. En cas d'affouage, chaque usager est tenu de payer une taxe sur le montant de l'estimation de son lot, si la commune n'a pas d'autres ressources. Voici comment ce payement s'effectue : il sera distrait une portion de la coupe, cette portion sera vendue aux enchères avant toute distribution, et le prix en sera employé au payement des charges. Bien entendu que l'habitant n'est tenu de cette taxe qu'autant qu'il réclame sa part dans l'affouage.

La commune jouit, comme l'État, du privilége d'affranchir ses forêts des droits consacrés par l'usage, soit par le cantonnement, soit par le rachat.

PROPOSITIONS.

I. Les tribunaux civils sont compétents pour les incompatibilités entre les fonctions de conseiller général et celles énumérées par l'art. 5 de la loi du 22 juin 1833.

II. Le conseil de préfecture peut-il, en cas de refus du conseil municipal, forcer la commune à intenter un procès? — Oui.

III. L'électeur qui n'a pas pris part aux élections peut-il en demander la nullité? — Oui.

IV. La question de la légalité de l'arrêté d'un maire peut-elle être portée devant le tribunal de simple police? — Oui.

V. Un simple particulier ne peut poursuivre devant les tribunaux le remboursement des dépenses qu'il a faites pour la commune.

VI. Le locataire d'un immeuble a-t-il sur cet immeuble un droit personnel ou réel? — Un droit personnel.

VII. Quelle est la nature du droit du créancier hypothécaire? l'hypothèque lui donne-t-elle un droit mobilier ou immobilier? — Un droit immobilier.

VIII. Faut-il faire prévaloir l'art. 518 sur les art. 524 et 525? — Oui.

IX. Les tuyaux servant à la conduite des eaux dans une maison ou dans un autre héritage, sont-ils immeubles par leur nature? — Oui.

Vu par le Président de la thèse,
ORTOLAN.

Vu par le Doyen,
C.-A. PELLAT.

www.ingramcontent.com/pod-product-compliance
Lightning Source LLC
Chambersburg PA
CBHW060717050426
42451CB00010B/1483